JN411006

바람난 강냉이

이 도서의 국립중앙도서관 출판예정도서목록(CIP)은 서지정보유통지원시스템 홈페이지(http://seoji.nl.go.kr)와 국가자료종합목록 구축시스템(http://kolis-net.nl.go.kr)에서 이용하실 수 있습니다. (CIP제어번호 : CIP2020014218)

텃밭시학시선 05

바람난 강냉이

황손순 시집

그루

시인의 말

팔공산 자락 아래서 밤마다
달빛 한 그릇을 떠먹은 죄밖에 없다.
들판을 가로질러 가는 기차를 보며
'참 고운 서정시 한 줄' 간다고
우긴 죄밖에 없다.
채전에서 옥수수를 딸 때에도
밭두렁에 하늘거리는 코스모스를 볼 때도
가슴이 벌렁벌렁하는 것이
수상한 시골 아지매가 다 되었다.
종일 밤바람 속에 헤매다 빈집에 들어와도
이젠, 시가 있어 외롭지 않다.
밤마다 달빛에 나와 앉아
나를 내려다보는 먼저 간 남편과
사랑하는 가족에게 이 시집을 바친다.

2020년 봄

초운당草雲堂에서 **황 손 순**

차례

3 외딴집

4 알 게 뭐람

5 이국異國 새

해설

1

바람난 강냉이

텃밭시인학교

무학산 맑은 개울물처럼
때 묻지 않은 인연

언제나 먼저 와 기다리는
마음 따뜻한 사람 있는

즐거운 집
행복한 집
텃밭시인학교

먼 훗날 좋은 일만 기억날
미소 가득한 시의 집

눈빛만 봐도 웃음 터지고
시심詩心 가득한 동인 모여드는

즐거운 집
행복한 집
텃밭시인학교

제비꽃 등에 업힌 막내 나비

오십년 유월 이십칠일
막내 나비 태어났다

나비 세상 첫선 본 지 일주일
아버지 세상 뜨시고
피란 갔다 온 작은오빠마저 가 버렸다

엄마는 충격에 외가 가 버리고
친구들은 학교 가는데
어린 제비꽃 언니

막내 나비 키우느라 공부 못하고
칠순이 넘어 한글 공부 한단다

그 옛날 제비꽃 등에 업힌 막내 나비
예순을 훌쩍 넘겼다

나비 동생 오늘
제비꽃 귓등에 대고
속삭인다

언니, 키워 줘 행복해!

책보, 허리 메고

아홉 살
막내딸 옆에 뉘고 다독이며
순아 내 없으면 누가 이래 주노 하시며
울먹이던 아픈 엄마

이유도 모른 채 내가 하면 되지
엄마 어디 가 나도 따라갈래

철없는 딸 두고 가야 하는
어미 맘 알지 못한 난
삼촌 댁 심부름 갔지

엄마 떠난 줄 모르고
오지 않는 엄마
맨날 기다리며 찾았어

책보, 허리 메고 학교 갔다 오면
엄마 찾다 지쳐
문지방에 몸 걸친 채 잠들었지

가끔
꿈속 엄마 다니던 길목
언덕에 앉아
구름 따라 가 버린 엄마
허공에 만져 보네

소중한 당신

꽃 피는 춘삼월
내 나이 스물한 살 이웃 아지매 중매로
시부모 시동생 시누이 세 살 난 아들,
전기도 물도 없는 외딴집에 시집갔지

열 살 때 부모 오빠 잃은 난
그 애 엄마 되어 빈자리 채워 주고 싶은데,
언니는 기막혀 할 말 잃었다

"키우기 얼마나 힘든데
천지 분간 못하고 험한 길 갈라카노"
부모 없이 자란 막냇동생 안쓰러워
밤마다 울었다

결혼하고 신혼여행 없이 시댁 들어가
신혼 나흘부터 노력한 덕에 재산 불어나고
삼남 일녀 잘 자라 힘든 줄 몰랐지

남편 소 키우고 싶어
소 열 마리 값 품고 영천장 가고
친척 결혼식 갔다 오니
이웃 조카 큰일 났다 하네

왜,
아재 소 사러 갔다 돈 다 잃었단다
아재는?
괜찮아

사람 안 다쳤으니 천만다행이지
소 값 다 잃고 한숨 쉬며
밤잠 설치던 남편
야속하게 하늘로 가 버렸다

고즈넉한 밤이면 혼자 중얼거린다
내게 소중한 당신이었다고……,

마음에서 보내 드립니다

이천십사년 이월 팔일 오후
남편은 외롭게 삶의 막 내렸다

성격 차이로 불화 쟁론 있었지만
갈기갈기 찢어지는 아픔
어쩌면 좋아

남들은 낙천적 긍정적이라 하지만
나는 너무 힘들어

잊자 다 잊고
씩씩하게 살자
남은 이도 떠난 이도
모두 편하게

당신도 마음에 무거운 짐
다 내려놓으시고
미련 없이 미련 없이
훨훨 가시옵소서

남은 인생

고달픈 삶 사십삼 년
감당하지 못해 쓰러지기 몇 번
더 힘든 건 믿음 잃고
불신당하는 거

그냥 주저앉을 수 없었어
날 키워 준 형제, 보살펴 준 인연
배신할 수 없어
오뚝이 인생 살았지

진심으로 살다 보면
언젠가 좋은 날 오리라
기다리고 기다렸어

이천십오년 정월
한마음으로 다져진 가족
더욱 밝아진 모습 봤지

참고 살기 잘했어
사 남매 제 몫 잘하지

남은 인생
자식들이 달아 준 날개로
건강하게 즐겁게 멋지게 살아야지

노을

들녘 길 서서 홀로 기다리면
둥지 날아간 소쩍새

은하수 건너 별이 되어
바람에 전하네

아프지 말고
슬퍼하지 말고
씩씩하게 살라고

별은
돌아오지 않고

둥지
홀로 남은 소쩍새
땅거미 지면 쓸쓸하네

회한

주마등에 반생의 불 켠다

마음 가득 밝아 오는 추억 하나

고즈넉한 밤 책상 앞에 앉아

삶의 무게 시로 쓴다

백 년도 못 사는 인생

내가 날 보고 웃고 만다

자화상

산새 소리 바람 소리
허공 벗 삼아

삶의 봇짐 둘러메고
오라는 데 없어도
갈 곳 많아

오늘도 인생 터널
지나고 있네

나그네 자국마다
고인 빗물로

한 알의 씨앗 무성히 자라
꽃 피고 열매 맺을 그날
머지않아 오리라

느티나무

마실 앞 느티나무
오가는 길손
자리 내어 주고

매미, 새들이 노래하는
시원한 그늘 아래

엄마 기다리다 지쳐 잠들었던
포근한 그루터기 곁엔

내 어릴 적 아이들
앞 냇가 맑은 물 벗 삼아
멱 감고 물장구치며 놀기도 했지

그 여름 수채화처럼 고운
양털 구름이 파란 하늘에 찍혀 있었지

고향 구름

맨날 철없이 보채고 투정해도
내색하지 않고
언제나 내게 힘이 되어 주었지

미련하고 무지한 생각 들 때마다
너를 향해 고래고래 고함쳐도

넌 그저 하얀 마음으로
토닥토닥 내 등을 두드려 주었지

이따금 외로운 밤 까닭 모를
눈물이 흐를 때도

맨날 함께할 수 있는
너가 있어 힘들지 않아
너가 있어 외롭지 않아

시골 아지매 일기

가물면 물 달라
배고파 밥 달라

햇살 따갑다 보채는
텃밭 채소

싱그러운 봄날 아침 이슬
연둣빛 옥수수 새싹

실바람에 한들한들
기분 좋아

들녘 휘감고 도는
안개 낀 산허리

비 갠 뒤 동녘 하늘
무지개 곱기도 하여라

바람난 강냉이

두렁 하나 사이 밭에
한 알 한 알 심어 잘 자라 준
강냉이 꺾어 와 옷 벗겼다

아이고
이 일 우짜마 좋노
내가 심은 강냉이 보라색인데
노오란 강냉이가 우얀 일이고

분통 터져 와드득 와드득 뜯다가
혼자 씨익 웃었다

수바람 서방 놈이 꽃가루 묻혀
바람난 강냉이 치마 속에
저질러 놓은 흔적

보라색 노오란색 알록달록 강냉이
옷 벗겨 찜통에 찜질시켜
나랑 텃밭학교 나들이 갔다

동인들 강냉이 하나씩 들고 하모니카 불고
야한 농담 웃음보 터지게 한
참 즐거운 바람난 강냉이

2

가뭄

가뭄

온몸 팔자로 꼬이며
타 들어가도
맨날 기다린다
오지 않는 널

죽어도 보고 싶지 않지만
갈라지고 메마른
마음 메꾸려고

삽짝 문 열어 놓고
행여 올까

아랫목 이불 속에
또,
따뜻한 밥 한 그릇 묻는다

목화

수줍어 고개 숙인 줄 알았지
울고 있잖아

심술궂은 햇살에
바삭바삭 타 들어가는 줄 모르고

산울림 솔바람에 빠져
잠시 널 잊었구나

목화
미안해
너의 하얀 고깔을
꼭 지켜 줄게

툭툭 털고 일어나
예쁜 옷 보여 주렴

쪽파

찔레꽃 향기 짙은 울타리 사이
꽃과 나비
사랑 생기 넘치는데

텃밭 가족
시집 장가 보내 달라 야단났네

이슬비 오는 날
흰콩 파 상추 미나리
손수레에 태워 출가시켰지

녹색 이파리 좋아라
나풀나풀 춤추는데

따라가지 못한 어린 쪽파들
날 보고 원망하네

야들아,
느그도 얼릉 커라
그라모 시집보내 줄게

팔자 좋은 시계

야야 니 와 그래 사노
이제 고마 해도 안 되나

아이다,

나는 바람도 떠묵어야 하고
구름도 퍼무야지
그래야 몸 안 아프데이

아이고 지랄하제
무슨 지랄이고 니가

그라마
내 마이 팔자 좋은 시계
나와 봐라 케라

내 니한테 반했데이

봄바람이 풀어 놓은
자운영꽃 덤불 너머

손짓하는 자줏빛
고사리 손

산으로 들로
미친 듯 뛰어다니면

가는 곳마다
살포시 고개 숙인 제비꽃

밤마다 꿈마다 아롱거리는
양지쪽 풀밭에 웃는 제비꽃

내, 니한테
반했데이

구름 막걸리

팔공산 수태골 뜬구름 따 와
막걸리 담갔지

부슬부슬 비는 오고
사과꽃은 피어서 저리 고운데

참나물 파 지짐
구름 막걸리

간밤 몰래 내 꿈속에 다녀간
그이도 한 잔

창밖에 줄줄줄 내리는
빗소리도 한 잔

그리움 너도
한 잔

봄 한나절

산울림캉
박 시인 임 시인캉

마음도 뒤숭숭해
팔공산 콧바람 충전하러 갔지

오도암 부처님 뵙고
빵빵하게 불심 넣고 내려오다

산채 나물 비빔밥
한 양푼 우걱우걱했지

아차,
노을을 너무 많이 비볐나

그만 체증에 걸렸지
콧바람 넣으려다 헛바람 새고 만

그 붉은 하늘이 곱던 저물녘
봄 한나절

겨울 경로당

아직 겨울 보내지 못하고
붙들고 있었네

개나리 들꽃
봄 소풍 나왔는데

팔공산 골에 해는 숨어
어둑한 줄 모르고
민들레 쑥 캐는 할매

찔레 향 풀꽃 내음
허공 가득
바람은 뿌리는데

봄 온 줄 모르고
겨울 경로당
붙들고 있었네

이기 에민 기라

내 속 다 파묵고
하나 둘 나오디마는

지 잘났따 설치 대 싸이
난 고만 뒷전이데이

쑥쑥 커 가는 지들 보마
안 무거도 배부르제
암 이기 에민 기라

하루하루 속잎 날수록
멀어져 가는 저것들
뒷모습 바라보며

이놈들아
느그,
늙으마 이 맘 알것나

힘없이 바라보다 떨어진
목화 떡잎

가을 승객

허허벌판 논두렁에
허수아비 역장 홀로
비닐하우스 기차
기다리고 섰네

창 너머 살며시 고개 내민
파릇파릇 마늘 승객
밭두렁에 핀 구절초 승객
비닐하우스 기차역에 내리면

팔공산 이마
흰 구름 똬리 위에 얹힌
낮달 승객 뛰어오네

그 입술

나무 끝에 허공
하얀 백지

그렸다 지웠다
외로운 봄

흔들린 잎들
부스스 일어나

구름 따라
나서네

달빛 뿌린 앞마당
손 뻗어 닿은 그 얼굴

그렸다 지웠다
첫사랑 그 입술

말이나 해 볼걸

가을 달빛 파고들어
아린 밤 새우네

이맘때면 가끔
바람이 불지

열일곱 소녀 가슴에 찾아온
가을 그 남자

만나면 따뜻해
가슴 콩닥거리던

늘 곁에
있고 싶은 사람

아무 말 못했지
사랑한다 말이나 해 볼걸

내 맘 흔든 앵무새 말 듣고
멀리할 수밖에 없었던

목포
그 남자

큰 지혜

친구 집에 돈 오백 원 훔쳐 집에 왔지
돌담 사이 숨겨 놓고 매일 들여다봤지
빵 사 먹고 싶지만 돈 없어지는 게 싫어서

사흘쯤 지났을까
친구 나더러 오백 원 빌려 달라네
훔쳐 와 숨겨 놓은 돈
친구에게 빌려 줬지

저녁답 그 친구 집에
돈 받으러 갔어
그 친구 엄마 날 보고 씩 웃으며

"아이고 이년아 돈 도디키 가마 우야노
냉제 그라지 마레이"

난 눈물이 핑 돌았네
부모 없이 자란 어린 맘 다칠까 봐
살뜰히 보살펴 준 친구 엄마

지금 생각하니
날 키워 주신 큰 지혜였네

3

외딴집

인자

칠팔십 년 살아도
여 오는 거 생각 모했데이

한 계단 한 계단 팔공산
하늘공원 올라간 할매 신바람 났네

팔공산 만데이
온갖 꽃 구경 참 조오타

속이 타~악 터진데이
놀로 안 댕기고 저승 가마

강아지로 환생해
집 지키로 온다 카던데

이래 존데 구경 댕겨
저승문 화악 열려, 한숨에 가겠제

인자 저승 가도
영감한테 할 말 있데이

나는 우야라고

문풍지 휘파람 불 때
마실 형님이랑 아랫목에 앉아

김치 한 쪼가리
막걸리 한 사발

시끌벅적 잔칫집처럼
웃음꽃 가득한 농담에
세월 가는 줄 모르고

노소 패 갈라
화투놀이 깊은 밤

행님 비시마 했지예
지는 청단 했심더 십 주이소

아이고
자네 엉간하네

내 하나 뿐인 거 자네 주마
나는 우야라꼬 하시며 웃기던 형님

삶의 봇짐 벗어 놓고
훨훨 가 버린 다정한 형님

그 목소리 듣고 싶다
그 얼굴 보고 싶다

간 큰 여행

설악산 일박 이일
친구는 산행 간다네

텔레비전에만 봤지
가 본 적 없어

한 번 죽지 두 번 죽나
근심 걱정 다 잊고

친구들과 놀다 보니
설악산 도착

처음 가 본 외설악
포기하지 않고 한 계단 한 계단

울산바위
정상까지 올라갔지

안개 덮인 골짜기마다
옹기종기 모인 동네

묵은 체증이 확 뚫렸지
남편 몰래 설악산, 간 큰 여행

별들의 웃음

시골 갔다 집에 들어서자
열 살 두 손녀 몸 비비 꼬며
할머니, 하고 주방에서 나오네

싱크대 바닥 식탁 주방 기구
밀가루 떡이 되어
날 쳐다보고 있었지

아이고, 이기 뭐꼬?

두 손녀는 해맑은 모습으로
오븐에서 꺼내 온 과자 한 접시 내놓으며
할머니 드셔 보세요
동생이랑 만든 쿠키예요

절로 별들의 웃음
함박 쏟아졌네

히히히, 할머니
동생이랑 나 잘했지

아암, 잘했다 내 강아지들
열심히 하거라
훗날 제과점 사장 될지, 누가 알 끼고?

아 아 그렇구나

설날 아침
제비 새끼처럼 둘러앉아
재잘대는 손주들

할매 뭐 해요
고조할아버지 할머니 밥상 준비하지

언제 오셔요
곧 오실 끼다

에, 에 거짓말
돌아가셨잖아요

그래, 돌아가셨지
볼 수는 없어도
할매 맘속에 모두모두 계신단다

애들아
느그는 할배 생각 안 나?

할머니
할아버지 보고 싶어요

그래,
느그들 맘속에 계시니 보고 싶은 거야

아 아!
그렇구나

두꺼비와 청개구리

느릿한 몸짓 허리 한 번 펴지 못하더니
논두렁에 등 대고 허리 펴는 두꺼비

대가족 성격 까다로운 시집 식구
날마다 끼니 걱정 허겁지겁 살아온 두꺼비

오직 밭일 집일밖에 모르고
살아온 그 두꺼비

듣기 민망한 폭언 폭력도
아랑곳하지 않고
묵묵히 일만 한 두꺼비

마실 청개구리들
바보 등신이라 놀려 대지만

그래도 바보같이 살아온 날
잘 참았다고

서로가 서로에게 위로하는
두꺼비와 청개구리

송화松花

비바람 찬 서리 휘몰아쳐도
힘든 기색 보이지 않고
제자리 지키고 있으리

살얼음판 위에 서 있는
뿌리 향해
끝없는 폭설 퍼부어도

가정 가족 위해
묵묵히 지키고 있으리

싸늘한 겨울바람 지나고
햇살 따뜻한 봄 오듯

송화松花 피는 아름다운 세상
나, 꿈꾸며 살아가리

조포*

맹물 반半 솥에 콩물 버어가 끼리는데
얌전히 보글보글하디마는

각제 푸르르 넘어가
혼 빠졌지

콩물은 넘을라 카지 치깐에 가야제
이 일 우야마 좋노

그라마 니, 내 손맛 좀 봐라
찬물 한 바가지 퍼억 덮어씌우고 나이

이놈 정신 드는지
푸욱 주저앉데

콩물 짜고 간수 여가 휘휘 젓어
바뿌제 깔고 눌라 뿌이 두부가 됐지

보낼 수대로 신나게 칼질할라카이
조포가 와 이래 돌띠고

넋 잃고 앉았을 때
휘익 스쳐 가는 바람 소리

등신아, 왕가네 식구
드라마 안 봤나?

간수 여가 마이 젓고
미이 눌루마 조포가 여무다 안 카드나

담에 잘해가 동네 할배도 조야 할 낀데
언제 할찌 모르매 마음만 둥둥

* 조포 : '두부'의 사투리

한숨

낮달 한 그릇
바람 한 그릇
퍼 먹다

뜬구름 잡느라
여기저기 부딪혀도
시간 가는 줄 모르고

별 두 그릇
가을 두 그릇

꾸역꾸역
또 퍼 담는 시 세 그릇

새벽 빈 마루 혼자 앉아
몸 바뀌는 줄도 모르고
깊이 쉬는 한숨

외딴집

휘영청 달 밝은 밤
휠렁휠렁 들녘 길 휘돌아
불 꺼진 외딴집 앞에 서니
흐트러진 내 맘
허공에 기댈 곳 없네

임 떠난 집
혼자 남은 외로운 밤
그리움에 뒤척이며
베갯잇 적신다

창 너머 저 달은
글썽이는 내 맘 아는지
달무리 눈자위가 축축하네

빈 창고

구름은 저 가을 하늘
비워야 한다고 하지만

내 맘속에
욕심 창고가 있지

바람은 텃밭에게
행복하게 살아야 한다고 말하지만

흔들리는 옥수숫대는
어떻게 살아야 즐거운지 알고 있지

모든 인연에게
감사하고 고마워하지만

맘대로 안 되는 것이
삶이라고

내 얼굴 속 주름들
거울 속에서 말하고 있지

너는 알고 있니

한시골 언덕배기
허공 쳐다보며

기다리고 기다려도
그 어미 오지 않고

뻐꾹새 울음소리
어미 부르는 소리

솔바람 타고
숲 속 돌아 나오네

뭉게구름 베개 하고
바람 한 자락 덮고 누워

그리움에 젖은
산울림 내 마음

뜬구름아
너는 알고 있니?

4

알 게 뭐람

허공 방석

허공 방석 깔고 앉아
뭉게구름 저 혼자 좋아라

가끔 찾아가는 고향 뒷산
아무도 보이지 않는 숲 속

솔바람 볼 비비는 소리
어머니 날 부르는 소리

그리운 생각 나무에 걸어 두고
내려오는 노을 무렵

바람이 밀고 가는
단풍이고 싶어라

구름이 밀고 가는
바람이고 싶어라

빈집

오솔길 따라가면
숲 속 작은 집이 있지

시끌벅적하던 여덟 식구
보금자리였네

다 떠나고 홀로된 지 삼십 년
아무도 오지 않아

기다리다 지쳐 뼈마디마다 흐물흐물
쓰러져 가는 빈집이 있네

잡초 우거지고 가시덤불 달빛 가려
외롭고 쓸쓸한 초가

다시 찾을 수 없는 기억
지워지지 않아 가끔 찾아가는 곳

아버지 어머니 모습 바람 같아
돌아보고 또 돌아봐도

발길 떨어지지 않는 마음
허허벌판 내리는 빗물 같구나

뚝뚝

어릴 때 구판장 소쿠리
과자 주워 먹다 혼나고

찔레꽃 피는 오월
자인까지 맨발로 걸었던

달빛 젖은 낯선
타향의 밤

너무 외롭고 무서워
울지 못하고

엄마 생각
오빠 생각만 했지

학교 가는 날보다
결석한 기억뿐

날이 새면
허허로움 감추려

터덜터덜 과수원 담장
찔레꽃 내음 따라가면

금방 순아 하고
나올 것 같은 엄마 소리 환청처럼 들려

빈 하늘 쳐다보고
눈물만 뚝뚝

알 게 뭐람

팔공산 허공 구름 마당엔
단풍 지짐 냄새 한창이다

낮달 술잔에 그득 따른
국화주 두어 잔

인생이야
알 게 뭐람

가을 술상에
홍얼홍얼 풍경 소리

반시 익어 가듯
붉게붉게 물들면 되는 것

동화천 바람이야
저 혼자 불어라 하면 되지

지는 노을
알 게 뭐람

뭉게뭉게 구름 뜯어
퐁당퐁당 수제비 끓여

벗들이랑
저녁 해장이나 하면 그만이지

그냥 살지 뭐

팔공산 산울림
또 하루 저물어 가네

빈털터리 화려하지 않아도

좁다란 맘 길이 되고 쉼터 되어
늘 함께하고픈데

공산 넘어 바람 어서 오라 하고
허공 구름 목 빼고 기다리는데

아이고,

앉아 용쓰지 말자
욕심 많으면 식물食物 감한다잖아

그래,
바람 따라 구름 따라
두루뭉술 살지 뭐

문득

따뜻한 햇살 매화 피면
겨우내 품고 있던 봄

꽃바람 향기 나풀나풀
좋아라 마실 나가면

사랑에 눈먼 심술궂은 바람
눈웃음치며 손잡는 척 보쌈 해도

철없는 것들 그저
가는 데마다 좋아 어쩔 줄 몰랐지

그 옛날 동무들
아무리 기다려도 오지 않아

이리저리 둘러보다
문득,

타다 남은 팔공산 노을 반쪽
울고 있는 것 본다

바람아 돌려 다오

허공 가득 채운
뒤엉킨 먹구름

사정없이 바람은 휘감아

겁에 질린 목화 옥수수 바르르 떨면,

약속 없이 떠난
그를 기다리다

팔공산
만데이에 혼자

넘어오던 길 멈추고
되돌아보는 저 장대비

바람아, 제발
그를 돌려 다오

달

땅거미 지면
괜스레 먼 산 바라보네

엄마 가신 길
아버지 가신 길

남편도 무심하게
따라 떠난 길

그이들
행여 찾아올까

삽짝 문 앞에
밤새워 기다리다 지친

꾸벅 꾸벅 졸고 있는
달그림자

가야 하네

가면 갈수록 멀어지는
험한 길 가야 하네

바람에 중심 잃고 흔들리는
날카로운 억새에

보드라운 살점 찢어진다 해도
가야 하네

아는 척 가진 척 목에 힘주다
바람에 잘리느니

허공 휘파람 부는 대로
몰려가야 하네

속 빈 벼 고개 들 듯
쳐들지 말고

속 찬 벼 고개 숙이듯
느그들
그렇게 그렇게 가야 하네

풀꽃의 말

우야라꼬 그래 설치 쌓노
희한하데이 참말로

가만히 있는 시간 아까버예
서리 오마 멈춰 버릴 낀데

아껴서 뭐 할라꼬예

마당 모티 온갖 나물 숭가가
잘 크는 거 보마 좋지예

갖다주마 고맙데이 잘 무께 하면
맨날 맨날 행복한 시간

돈 주고도 살 수 없지예

빌난 사람 다 보겠네
자네 전생에 뭐였을꼬

허공 구름 배 타고
바람과 함께 나누고 싶은

작은 풀꽃 향기지예

하필 오늘 같은 날

정월 초엿샛날 시어른 기일
맑은 하늘 날벼락도 정도라야지

아재비 들어오자마자 말투가 거칠었다
질부 왜 인사 안 하노

조카 말 받아, 삼촌 인사했는데요
언제,
삼촌 들어오실 때 인사했어요

요놈 새끼 형수 편들어 확 패 뿔라
때려서 삼촌 속 풀리시면 때리세요

그래,
억센 손바닥으로
상 차리는 조카 뺨에 손찌검까지

어미 사지가 떨려 폭발했다
하필 오늘 이렇게 벼르고 왔나

제사상 앞에 무슨 행패고

그라마,
시삼촌 오는데 인사 안 해도 기안타 말이가
천지가 개벽할 일이지

씨끄럽다,
인사해도 안 해도 오늘은 삼촌 잘못했다

부모 기일이라 질부 둘이 음식 하는데
수고한다 해 주면 좀 좋아
무슨 생각 하고 왔길래 인사했는데 못 듣고
하필 오늘 같은 날……,

어른이 돼 가지고,
인사 받고 싶으면 먼저 인사하면 되고
어른 대접 받으려면 어른 값 하라고

마지막 단풍

희미한 기억 잡고
하루가 멀다고

두 눈에 가득 고인 가을 단풍
허공만 바라보더니,

바람이 자꾸 가자 하는데
싫다, 정말 가기 싫다더니,

되돌아올 수 없는 길
가 버렸네

등산로 골짜기마다
그대 모습 보이지 않고

저려 오는 맘
공중에 맴도네

어매, 나 죽겠네

날쌘 동작 따라잡기 힘들어도
맨날 싸워야 해

잠시도 가만있지 못해
용케 고놈 따라 구멍 내고
휘발유 좀약 구겨 넣고 이제 안 오겠지

몇 날 있다 가 보면
상추 고추 콩이
견디다 못해 시들 새들

더 깊이 파고들어
거미줄같이 엉켜 있어
난 알 수 없어

곡괭이로 톡톡,

두더지 잡으려다
어매, 나 죽겠네

5

이국異國 새

이칠아

날개 펴고 훨얼훨얼
맘껏 날아 본 적 있니
다람쥐 쳇바퀴 돌 듯
이만 오천백여 일 그 자리

날이 갈수록 깊어지는 주름진 얼굴에
희미한 그림자 어쩜 좋아

친구들은 웃고 떠들고
나는 차마 널 마주 볼 수 없었지

봄이 낳은 매화들은 저리 고운데
이칠아
너에게도 화창한 봄이 왔으면

호산아 호산아

산골 외딴집에 나 많은 시어마이 아들 미느리 살았지
살다 고마 아들 앞 서우고 고부끼리 사는데
몇 해 지나자 친정에서 에미 죽었다고 부고 왔지

우야노,

무울 거 입을 거 한 사날 치 장만해 놓고
앞 못 보는 시어미 손잡고 조목조목 갈체 주고
허겁지겁 친정에 쫓아가이 어미 알라 업고
삽짝 문 앞에 왔다 갔다 하더란다

딸은 옴마 봤으이 고마 갈란다, 선걸음에 돌아서는데
물이라도 한 모금 마시고 가라,
마지못해 서서 물 마시는데
과부 된 딸 안쓰러버, 야야 저 아랫동네
잘사는 홀애비 있는데 니 재혼하라고 거짓말했다

옴마가 그라믄, 앞 못 보는 시어무이 혼자 우야라꼬,
되돌아가는데 친정 갈 때 게안튼 길이 돌아올 때는

소내기 마이 와가 길 막혀 대성통곡하고 있는데, 앞에
호랑이 한 마리 떡 버티고 있더란다

그 과부가 호래이한테 말한 기라

호산아 호산아 나 죽는 거 게안은데 나 못 가면 앞 못 보는 내 시어무이
이 추븐 날 얼어 죽고 굶어 죽을 낀데, 어무이 우야라카노
호래이 고개 절레절레하디마는 등 바짝 대더니 태우고
집 앞까지 델다 주고는 산으로 갔는데, 호래이 우는 소리에 놀라
그 색시 좇아가이 그만 틀에 찡기떠란다

틀 비끼고 호래이 끌안고 울고 있는데 올무 놓은 나리님
하도 희한해 사연을 물어보디, 호래이도 놔주고
정성이 지극한 그녀 효심에 고을에서 잘살게 해 주었단다

밤마다 들려주시던 할매 이야기 그땐 어려서 몰랐지
지금 생각하니 여인의 한 맺힌 삶이었지

할머니의 자장가

첩첩 산골짝에 눈먼 늙은이는
아들 둘 며느리 네 식구 살았지

큰아들 먼저 보내고 작은아들 군대 가고
과부 며느리캉 둘이 살면서

일거리 없으마 풀칠하기도 어러버 미느리는
개똥 보리밥 주워다 미미 식꺼 밥하고,
꺼깨이 잡아 찬 맨들어 시어미 줄 때
미안해 한 술 먼저 뜨고 주었지

며느리는 그 밥도 실컨 몬 무 보고
눈먼 시어미는 아무것도 모른 채,
야야 맛있다 하디마는
그 찬, 삭자리 밑에 숭가 났지

둘째 아들 휴가 오이 혈색 좋은 엄마 보고 놀라
어무이 우얀 일인교

야야 니 행수가 얼매나 잘해 주는지,
맛난 거 여 있다 함 봐라 하고 삭자리 들고 꺼내이
어메 이기 뭐꼬 너무 놀라 소리치는 바람에

어미 눈 뜨고 그 일이 관청에 알려지자
미느리 효부 상 받고 잘 살았단다

밤마다 어미 없는 어린 내게 야야 자나 하고
잠들 때까지 이야기 들려주었는데,
지금 내 곁에 그 흰머리 할매는 없고

고즈넉한 이 겨울밤 눈은 내리고
자장가는 귓속 쟁쟁한데……,

수선화

바람도 부러워 구름도 부러워
수선화 한 쌍

부지런하고 넉넉한 마음
힘든 이 외로운 이 다독일 줄 아는
아름다운 그 꽃

바람도 구름도 질투하여
수선화 아프게 했지
한두 해 몸살 하면 일어날 줄 알았지
해가 갈수록 야위어 가는 꽃대를 보며
바삭바삭 타 들어가는 내 영혼

모두 운명이라 생각하지
비켜 갈 수 없잖아
내려 가다가다 못 가면 되돌아오겠지

산 입에 거미줄 치겠나
쓰리고 저린 이 아픔
꼬리가 길면 밟힌다지
험하고 긴긴 터널 지나

보일 듯 말 듯 아련한 그 빛
놓치지 말고 꽉 잡게나

수다 방

하얀 찔레꽃잎 휘날리는 봄

화투 신수 패 뜨다 앞을 가로막는
운세가 나온다 해도
난 그들을 만나러 가야 해
아름다운 새소리 물소리 들리는 그곳

해마다 이맘때면 기다려지는 고향 비알밭
떠난 지 오래지만 가끔 온갖 새들이 모여
삶의 봇짐 풀어 놓고
잠시 쉬어 갈 수 있어 좋아하지

가시덤불 사이 앉아 손 내밀며 똥 싸리
우스갯소리 절로 웃음바다 넘치는 곳

내일도 몇 날 후에도

쑥 뜯어 쑥떡 하고 쑥차 만들자고 약속한
팔공산 새들의 수다 방, 쑥밭

너와 나

너는 정자 좋고 물 좋은 데 구경하고
맛난 거 먹고

난, 물 한 모금 주지 않고
부려 먹기만 하니

고장도 안 나는 만능 일꾼
도와주고 지켜 주다 가끔
삐거덕 따다닥 소리 난다

단단히 화가 났나 봐
함께하면서 모른 척하니

이제라도 사랑하며
저물어 가는 몸
너와 나
아름다운 노을이 되자꾸나

자식 걱정

와 카능교 정신 좀 채리 보소
엇갈린 시간에 정신 줄 놓은 사과나무

이 보시게
시방 이러고 싶어 이러겠는가
날바람이 구석구석 헤집고 있으니
당할 재간이 있어야지

나와 임자는 그래도
저 어린것이
어찌 살까 걱정되지 않소

아따 고마 춥고 어두븐데
지녁 한 숟가락 묵고 잠이나 잡시더
지들이 알아서 잘 살 낀데

사월 이일
주렁주렁 달린 고드름 사과나무
며칠 후 앙증맞은 꽃망울
이파리 속에서 소곤소곤

아이고
엇갈린 날씨 땜에 고생했데이

이국異國 새

유월 초 시골 들녘 초비상
마늘 캐고 모심고

일손 부족해 깊은 한숨 쉬는 농부 맘
알기나 한 듯, 태평양 건너 날아온 이국異國 새

온 들판에서 구슬땀 흘리며
손발 척척 맞춰

부지런히 일하는 모습 고마워
어데서 왔어예

이국異國 새라
몰라예

아지야 암만 찾아봐도
몰라예 카는 나라 없던데

낯설지만 친숙한 농담
웃음 가득한 하루였지

난 어쩌라고

봄바람에 살며시
고개 내민 족두리꽃
너 손 내밀면 난 어쩌라고

수줍어 붉어진 홍자색 볼에
입맞춤하면 어쩌라고

그렇게 흔들어 놓고 가면
또 어쩌라고

산 넘어 봄바람에 취해
찾아갔던 그

족두리풀꽃 손 내밀면
난 어쩌라고

불청객

초대하지 않은 불청객
오장육부 까발려
나무 위에 걸어 놔도
비닐 위에 뒤집어 놔도
죽지 않는 독한 쇠비름

옆구리 뚫고 속 다 파묵고
옆집까지 덮쳐
터널인 양 속에 숨어 보는
더 독한 고놈

고추벌레 배추벌레 두더지 땅굴 파고
옥수수 고추 배추 훔쳐 가

내 혼 바싹바싹 탄데이

장마와 가뭄 전쟁 끝나자
텃밭 가족 챙기려고
맨날 맨날 쟁탈전이지
불청객과 나

되돌아가고 싶어라

가끔
이 맘 아리도록 그리울 때가 있어

비바람 불며 천둥 번개 내리쳐
숨 막힌 굽이굽이 그 길

그때마다 옹이 튼
시아버님 늘 하신 말씀 메아리로 남아

야야 니를 속이지 마라
산도 알고 보면
철마다 꽃 피는 거, 안 속이는 기다

시아버님 기제사 지내는 밤
지워지지 않는 그때 그 길

되돌아가고 싶어라

달빛

밤늦도록 잠 못 들어
뒤척이다 보았네

으스름 달빛 창가
환하게 웃는 그 남자

반가워 손 내밀면
저만치 달아나
차디찬 구름 끝에 주저앉았지

그 새벽 찾아온 그 사람
몰래 숨어든 달빛이었어

쓸쓸한 맘 이슬비 되어
허공 가득 적시네

잠깐 쉬었다 갈게

보림사 추녀 끝 풍경 소리
물고기 새벽잠 깨어

번뇌에 찬 맘
팔공산 계곡 맑은 물에 띄워

너 가고 싶은 데로 가라
머물지 말고 어서 가거라 한다

외로운 산울림
온갖 그림자 내려놓고

보림사 잠깐 쉬었다 갈게
줄 것도 받을 것도 없는 한 생

타다 남은 맘 한 자락
다 버리고 갈게

누가 알겠소

멀리도
가까이하기도
어려워

산도
변덕이
죽 끓듯 하니,

이 보시게
가랑잎 같은 앞날
누가 알겠소

그냥
못물에 산 그림자나 만들며

허물없이 뒹굴뒹굴
굴러갑시다, 저 구름처럼

해설

달빛 한 그릇을 먹은 죄

해설

달빛 한 그릇을 먹은 죄

—황손순 시집 『바람난 강냉이』를 중심으로

김 동 원 시인

빈집

팔공산 둘레를 끼고 그녀가 사는 집은 들녘 한복판에 있다. 이따금 누런 벼들이 익어 가는 들판을 가로질러 칙칙폭폭 칙칙폭폭 기차가 달리는 풍경은, 고운 한 줄의 서정시 같다. 팔공산을 배경으로, 그녀는 어쩌다 홀짝홀짝 한 잔 막걸리에 취하면, 방 안 가요방 마이크를 켜고 흘러간 옛 노래를 부르곤 한다. 안주는 풋고추랑 산 둘레에 흐르는 구름을 버무려, 하늘로 먼저 가신 부모님과 남편을 모셔와 지짐이를 부쳐 먹는다. 그저 외로워 혼자 달빛 한 그릇을 먹은 죄밖에 없다는데, 언젠가부터 그녀의 가슴속에는 '시'란 것이 들어와 산다. 채진밭에서 옥수수를 딸 때에도, 밭두렁에 하늘거리는 코스모스를 볼 때에도, 가슴이 벌렁벌렁한다는 것이, 수상한 시골 아지매가 다 되었다. 이른 아침 까치가 그녀의 원고지에 들어오면, 이내 다음 행은 참새가 물고 가고, 시냇가 물방개랑 피라미 놈도 서로 끼워 달라고 행간에 꼬리를 친다고 한다.

오솔길 따라가면
숲 속 작은 집이 있지

시끌벅적하던 여덟 식구
보금자리였네

다 떠나고 홀로된 지 삼십 년
아무도 오지 않아

기다리다 지쳐 뼈마디마다 흐물흐물
쓰러져 가는 빈집이 있네

잡초 우거지고 가시덤불 달빛 가려
외롭고 쓸쓸한 초가

다시 찾을 수 없는 기억
지워지지 않아 가끔 찾아가는 곳

아버지 어머니 모습 바람 같아
돌아보고 또 돌아봐도

발길 떨어지지 않는 마음
허허벌판 내리는 빗물 같구나

—「빈집」 전문

그녀와 만난 지도 벌써 육칠 년이 되어 가나 보다. 목요일 그녀가 음식을 차려 시 공부하러 오는 날은 온통 떠들썩한 시골 잔칫날 같다. 아침부터 도토리묵에, 지짐에, 막걸리 한 잔들을 걸치면, 문우들의 얼굴은 불콰한 모란꽃이 핀다. 처음 시 공부를 하려고 찾아온 날 그녀의 모습이 생생하다. 흡사, 봄 진달래에 미쳐 들로 산으로 천지사방 쏘다니다 온 가무잡잡한 산골 아낙네 같았다. 소녀 때부터 시인이 꿈이었다고 하던 그녀는, 참으로 순박하게 보였다. 훗날 시집이 나오면 제일 먼저 팔공산 수태골에 사는 그녀의 친구 들꽃들에게 자랑을 할 거라고 말했다. 더덕이랑 제비꽃이랑 구절초에게 그 기쁜 소식을 일등으로 전해야겠다고 웃었다. 그리고 밤마다 달빛에 나와 앉아 그녀를 내려다보는 먼저 간 남편과 사랑스런 자식들에게도 행복한 소식을 알려야겠다고 말했다. 아닌 게 아니라 이번 그녀의 시집을 들춰 보면, 논두렁이 시가 되고 목화꽃이 시제가 되고, 여름밤 개구리 소리가 그녀의 마을 주민이라는 것을 알겠다. 이제 새벽녘까지 밤바람 속에 헤매다, 그 옛날 그녀가 살던 「빈집」에 들어가도, 자신이 지은 시집詩集이 있어 외롭지 않겠다.

바람난 강냉이

황손순 시집 『바람난 강냉이』 속의 표제시 「바람난 강냉이」는 해학의 극치이다. 그녀는 농사를 짓다가도 이웃 농사꾼들에게 웃기는 말로 이 고랑 저 고랑 다니며 들었다 놓았다 한다. 웃음을 왜곡하거나 비꼬는 것이 아니라, 시골 어디에서나 흔히 듣는 사투리로 배꼽을 쥐게 한다. 우스꽝스런 풍경과 사건을 자신에게 맞게 잘도 버무린다. 어쩌다 한 번 웃음보가 터지면 멈출 줄 모르는 그녀는, 시 속에서도 소시민들의 성 문화를 대범하게 까발린다.

두렁 하나 사이 밭에
한 알 한 알 심어 잘 자라 준
강냉이 꺾어 와 옷 벗겼다

아이고
이 일 우짜마 좋노
내가 심은 강냉이 보라색인데
노오란 강냉이가 우얀 일이고

분통 터져 와드득 와드득 뜯다가
혼자 씨익 웃었다

수바람 서방 놈이 꽃가루 묻혀
바람난 강냉이 치마 속에

저질러 놓은 흔적

보라색 노오란색 알록달록 강냉이
옷 벗겨 찜통에 찜질시켜
나랑 텃밭학교 나들이 갔다

동인들 강냉이 하나씩 들고 하모니카 불고
야한 농담 웃음보 터지게 한
참 즐거운 바람난 강냉이

—「바람난 강냉이」 전문

「바람난 강냉이」는 첫 연부터 강냉이 옷을 벗기는 의인화가 볼만하다. "아이고 / 이 일 우짜마 좋노 / 내가 심은 강냉이 보라색인데 / 노오란 강냉이가 우얀 일이고", 그렇다. 이 시는 보라색 강냉이가 옆 고랑 노란 강냉이와 눈이 맞아, 노란색과 보라색 반반씩 혼혈아가 되어 나온 비유적 해학이 기가 막힌다. 만물양아萬物養我라 했던가. 황손순의 시를 키우는 시상詩想은 지천으로 널려 있는 듯하다. 그녀에게 시란, 옥수숫대 너머로 보이는 모든 것이 행간이요 뒷산과 숲속에 들리는 온갖 소리가 시어이다. 밭고랑 지나 훤한 팔공산 구름도 시요 불그레한 노을도 시이다. 어떤 저녁은 산새소리 바람 소리를 숟가락으로 떠먹기도 하고, 채진밭에 자라는 채소들에게 귀엣말로 시를 읊조려 주기도 한다. 하여,

그녀의 시는 물아일체를 지향하며, 천지 만물이 모두 그녀의 시 밭 속에서 희한하게도 한가족이 된다.

한숨

사물의 균열에서 시가 나온다. 하여 시는 현실의 문이자 비밀의 틈이다. 사이와 사이의 관계가 시학의 묘처이다. 시는 의외성이자 응시의 조합된 이미지이다. 서정시는 선명한 시각과 놀라운 상상력 속에서 나온다. 황손순의 「한숨」은 아무리 생각을 짜내도 시가 되지 않아 내쉬는 시인의 자탄自嘆에서 불쑥 나온다. “낮달 한 그릇 / 바람 한 그릇 / 퍼먹다” 한 세월 다 가는 서글픈 풍경이다. 시를 놓자니 지나온 시간이 아깝고, 시를 붙잡자니 머리가 안 따라 주고, 참으로 ‘시’란 놈이 원망스럽다. 하여 그녀는 이러지도 저러지도 못하고, 새벽녘까지 마룻바닥에 앉아 “꾸역꾸역” 시를 “세 그릇”이나 퍼먹는다. 그녀의 언어는 참으로 숭늉 같은 구수한 맛이 깊다. 현대의 언어가 불통과 절망 중간쯤에 놓인다면, 황손순의 시들은 감 홍시같이 달달하거나 호박전같이 고소하다. 신선하고 참신한 시 맛은 덜해도, 씹으면 씹을수록 찐쌀처럼 입속에서 우물우물 정겹다. 짧은 운문의 외형률도 그녀의 시 맛을 돋운다.

낮달 한 그릇
바람 한 그릇
퍼 먹다

뜬구름 잡느라
여기저기 부딪혀도
시간 가는 줄 모르고

별 두 그릇
가을 두 그릇

꾸역꾸역
또 퍼 담는 시 세 그릇

새벽 빈 마루 혼자 앉아
몸 바뀌는 줄도 모르고
깊이 쉬는 한숨

—「한숨」 전문

「한숨」은 놀라운 비약과 번뜩이는 상상력이 볼만하다. 비록 치밀한 묘사력은 덜하지만, 엉성한 행간이 도리어 시 읽는 독자들을 잠시 행복하게 한다. '한숨'도 시가 되는 희한한 광경이다. 그러나 이 시를 찬찬히 들여다보면, 황손순의 시적 내공이 호락호락하지 않다는 것을 금방 알아채게 된다. "낮달 한 그릇 / 바람 한 그릇 / 퍼 먹다"는 은유가 그것이다. 그리고 바람을 '퍼 먹다'는 공감각적 시적 발상은 한층 묘하다. "몸 바뀌는 줄도 모르고" 끙끙 시를 쓰는 고달픈 시인의 모습은, 안쓰럽기까지 하다. 그녀의 시어는 생다지로 구기거나 비틀지 않는다. 그야말로 유행과는 한참 동떨어진 촌스러운 시적 언어가 오히려 별미다. 일견 이런 유類의 시는, 행간 사이의 긴장미 약화와 의미의 단순성으로 인해, 자주 약점으로 지적되곤 한다. 하나, 황손순의 「한숨」은, 시로써 밥 먹는 자의 고달픈 시마詩魔가 일품이다.

가뭄

행간의 비약과 예상 가능한 추론의 시적 전개야말로 시작의 완성도를 높인다. 시인의 눈을 관통한 사물이 무엇을 말하려는가를 발견한다는 것은, 독자들에겐 무척 어려운 순간이다. 하여, 시인이 되려는 자는 일차적으로 사물과 사물 사이의 관계를 정묘하게 언어로 규정해야 한다. 분발을 자극하는 첫 시집에게 많은 것을 요구하지 않는다. 주제의 명료성, 감각적 이미지, 잘 짜인 의미와 리듬 등, 자신이 체험한 언어의 직조 능력이 얼마나 섬세한지를 본다. 물론 행간과 연 사이의 묘사와 균형 감각이 잘 훈련되면, 좋은 서정시로서 금상첨화이다.

온몸 팔자로 꼬이며
타 들어가도
맨날 기다린다
오지 않는 널

죽어도 보고 싶지 않지만
갈라지고 메마른
마음 메꾸려고

삽짝 문 열어 놓고
행여 올까

아랫목 이불 속에
또,
따뜻한 밥 한 그릇 묻는다

—「가뭄」 전문

행간과 여백의 깊이가 긴 여운을 남기는 「가뭄」은 비유의 맛이 잘 곰삭았다. 먼저 간 남편을 그리워하며 느낀 화자의 아픔을, "갈라지고 메마른 / 마음 메꾸려고"란 '가뭄'에 비유한 시법은 적확하다. 온몸 얄궂은 팔자로 꼬여 버린 그녀의 신세 한탄은, 측은지심을 유발한다. 행여나 죽은 남편이 돌아올까 삽짝 문 열어 두고 "아랫목 이불 속에 / 또, / 따뜻한 밥 한 그릇 묻는다"는 시행은, 근대 농경 사회의 가부

장적 풍속의 인정이 뜨듯한 구들장 온기처럼 스며 있다. 시적 비유는 대상의 마음을 나타내고, 그 시에 의미를 부여하는 방법으로, 시의 다층적 의미와 유추를 제시한다. 이것은 시인이 저마다 인생을 어떻게 바라보는가 하는 언어의 표정에서 나타난다. '가뭄'과 자신의 '기구한 팔자'를 동일시한 이 시는, 시를 통해 한 개인사가 어떻게 기억 속에서 복원되고 재탄생하는지를 잘 형상화시킨 작품으로 읽힌다.

제비꽃 등에 업힌 막내 나비

"서정시에는 무언가 소중한 것을 잃어버린 자만이 알아낼 수 있는 소리의 비밀이 있다. 격렬한 울음 뒤의 흐느낌, 그것은 빛의 소리, 소리의 빛이 빚어낸 하나의 파문波紋이다. 파문은 경계로서 경계를 넘어선 노래의 기원이다. 서정시의 운명과 형식은 이 파-문과도 같이 서로 다른 차원과 영역이 만나는 이음과 승화로서 참된 현실(성)이다. 그리움이다. 그, 리움rium의 헛간에 켜켜이 쌓아 둔 시간과 공간, 그리고 사물의 행방을 묻는다. 딴은 주름과 흐름 속에 거처하는 팽이와도 같은 빗방울의 깊은 공허, 그것은 순전히 무(無·舞)의 감수성이다. 말할 수 없는, 사이의 꽃이다. 앙상한 나뭇가지 사이로 바라본 밤하늘의 달, 그 '달이 지구에게 고유한 지인'(하이데거, 「헤벨–知人Hebel-der-Hausfreund」)인 것처럼, 서정시는

우리의 오랜 지인知人이다." (김상환,「서정시에 대한 단상」중에서)

오십년 유월 이십칠일
막내 나비 태어났다

나비 세상 첫선 본 지 일주일
아버지 세상 뜨시고
피란 갔다 온 작은오빠마저 가 버렸다

엄마는 충격에 외가 가 버리고
친구들은 학교 가는데
어린 제비꽃 언니

막내 나비 키우느라 공부 못하고
칠순이 넘어 한글 공부 한단다

그 옛날 제비꽃 등에 업힌 막내 나비
예순을 훌쩍 넘겼다

나비 동생 오늘
제비꽃 귓등에 대고
속삭인다

언니, 키워 줘 행복해!

—「제비꽃 등에 업힌 막내 나비」 전문

그녀가 왜 시를 쓸 수밖에 없는지를, 가장 절실하게 보여 주는 시가 「제비꽃 등에 업힌 막내 나비」로 보인다. 태어난 지 일주일 만에 아버지를 여의고, 피란 중 오빠마저 저세상으로 보낸 가족사는, 시인에겐 비극인 동시에 축복이다. 개인의 트라우마야말로 끊임없이 지워야 하는 흔적이자, 시가 비집고 나오는 틈이기 때문이다. "어린 제비꽃 언니"의 헌신적 사랑으로, 인생의 새 희망의 빛을 본 황손순의 삶을 들어 보면 기구하다. 시 「제비꽃 등에 업힌 막내 나비」를 퇴고할 때, 그녀는 하염없이 울었다. 자신을 업고 키워 준 언니의 고마운 귀에 대고 "언니, 키워 줘 행복해!"라는 대목에서, 서정시의 카타르시스를 느낀다.

알 게 뭐람

황손순 시의 매력은 단순 소박한 것이 특징이다. 동네 마실을 돌아다니며 시를 줍는다고 하였다. 경로당 화투판에서 벌어진 풍경에서 주운 시, 「나는 우야라고」를 보면, 질펀한 할머니끼리의 농담弄談은 포복절도하게 한다. 하여, 그녀의 시어는 논바닥의 언어이자 흙냄새의 언어이며, 바람이 키운 농사꾼의 언어이다. 산과 들의 언어이자 골목과 이웃 간의 정情의 언어이다. 살점의 언어이자 고통의 언어이며, 가슴과 감동의 언어이다.

팔공산 허공 구름 마당엔
단풍 지짐 냄새 한창이다

낮달 술잔에 그득 따른
국화주 두어 잔

인생이야
알 게 뭐람

가을 술상에
흥얼흥얼 풍경 소리

반시 익어 가듯
붉게붉게 물들면 되는 것

동화천 바람이야
저 혼자 불어라 하면 되지

지는 노을
알 게 뭐람

뭉게뭉게 구름 뜯어
퐁당퐁당 수제비 끓여

벗들이랑
저녁 해장이나 하면 그만이지

—「알 게 뭐람」 전문

시,「알 게 뭐람」은 시어를 툭툭 던지고 있다. "팔공산 허공 마당"에 단풍 지짐을 굽고 있는 가을 풍경의 맛을, 어떻게 이렇게도 재미나게, 이미지를 시각과 후각으로 비벼 놓았는지 알다가도 모를 일이다. 아마도 "낮달 술잔에 그득 따른 / 국화주 두어 잔"에 취해 버렸기 때문일 것이다. "반시 익어 가듯" 흥얼거리는 그녀의 시심詩心은 들어가는 첫 행 맛이 참 좋다. 까짓것, 인생이 마음먹은 대로 가는 물건이 아니기에 "동화천 바람이야 / 저 혼자" 불어라고 제쳐 두고, 그저 시인이 할 일은, 한 잔 술에 하루를 구워 불콰하게 노을에 취하면 될 일이다. 공연히 '너 잘났다 너 못났다' 할 것 없이, 속이 허虛하면 "뭉게뭉게 구름 뜯어" 수제비국이나 끓여 먹으면 좋을 일이다. 하여, 황손순의 언어 속에는 쑥버무리 떡 냄새가 나고, 된장에 무친 나물 냄새가 나고, 중얼거리는 시골 늙은 밤바람 소리가 울타리 근처에서 들린다.

나가면서

서정시는 굳이 요리 깎고 조리 깎고, 위로 재고 아래로 재면, 읽고 짓는 재미가 덜하다. 송당송당 적당히 썰어서 뜨거운 은유隱喩에 살짝 데쳐서, 시어를 조물조물 무치면 된다. 때로는 고통을 석쇠에 구워 내기도 하고, 어떨 땐 눈물을 쪄서 시의 밥상에 올리면 그만이다. 하여, 서정시는 행간의 울타리가 있는 둥 마는 둥 하고, 뒷문은 핫바지 방귀 새듯 슬며시, 감정의 개구멍으로 의미들이 빠져나가기 일쑤이다. 시도 생로병사를 겪고 희로애락에 춤춘다. 언어가 떫으면 삭혀 먹으면 되고, 시어 국물이 매우면 뻘뻘 땀 흘리며 떠먹는 재미도 쏠쏠하다. 이번 황손순의 시집『바람난 강냉이』는 그녀의 말처럼 '달빛 한 그릇 떠먹은 죄'밖에는, 잘못이 없다. 바람에 구멍을 내어 밤하늘 별들을 헤아린 죄밖에는 없다. 타고난 가슴병이 도져, 그저「풀꽃의 말」을 알아들은 죄밖에는 없다. 전생에 '제비꽃'에게 반해, 산으로 들로 미친 듯 뛰어다닌 죄밖에는 없다.

하여, 그녀에게 시라는 놈은, 그저 손 안에서 녹는 겨울 흰 눈이며, 땅거미 지면 괜스레 먼 길 바라보게 하는「달」이다. 삽짝 밖에 나와 "엄마 가신 길 / 아버지 가신 길 // 남편도 무심하게 / 따라 떠난 길"을 멍하니 쳐다보는 일이다. 하늘에 빽빽이 펼쳐져 있는 별의 수만큼이나 땅에는 시어들로 깔려 있다. 형形과 상象들이 저마다의 상징과 은유로 누가 불러 주기를 바라고 있다. 시인은 굳이 본체를 보려고 애걸복걸할 필요가 없다. 흔들리는 사물의 그림자만 잘 보아도, 그것의 기미와 기척을 알아챌 수가 있다. 좋은 서정시는 행간과 연마다 푹 삭힌 김장 맛이 들어야 좋다. 이번 황손순의 시집은 폭설이 내리는 뒷마당 김장독에서 막 꺼낸 무 맛이 감칠맛 난다. 전통에 기대어 있지만 옛것에 함몰되지 않고, 시인의 일상 속에서 시의 보물을 찾아낸다. '죽음'의 밑바닥에서 놀라운 '초록'의 생명성을 보아내기도 하고, 동네 구석구석 돌아다니는 사투리 속에서 건강한 해학을 주워 담기도 한다. 그녀에게 당부한다. 시집 속에서 시를 찾지 말고, 지금처럼 팔도강산 쏘다니며 밑바닥 언어를 잘 듣고 닦아 광내기를 당부한다. 하여 그녀의 시들이 차원 높은 예술의 경지에 들지 말고, 저잣거리 욕설 속에서 카타르시스를 주는, 그녀만의 독창적인 해학의 시로 남기를 강렬히 원한다.

황손순

대구에서 출생했다. 2017년『문장21』겨울호로 등단하고 대구문인협회원. 텃밭시학 동인. 대봉문학아카데미 동인으로 활동하고 있다.

hwng757@hanmail.net

황손순 시집

바람난 강냉이

초판 1쇄 발행 2020년 4월 15일

지은이 황손순
펴낸이 이은재

펴낸곳 도서출판 그루
출판등록 1983. 3. 26(제1-61호)
주소 06121 서울특별시 강남구 봉은사로 129, 1210호
42452 대구광역시 남구 큰골 3길 30
전화 02-358-1161, 053-253-7872
팩스 053-257-7884
전자우편 guroo@guroo.co.kr

ISBN 978-89-8069-417-4